Communications.

I. *Population de Paris;*
Remarques démographiques sur l'habitat urbain,

par G. LAGNEAU.

> « Les villes sont le gouffre de l'espèce
> humaine. Au bout de quelques généra-
> tions, les races périssent ou dégénèrent. »
>
> J.-J. ROUSSEAU, *Émile*, l. I, p. 61,
> t. VI, 1819.

Pour la prospérité d'une population il importe qu'aucun désac-
cord n'existe entre son état social et son état physiologique.

Son état social résulte de causes très multiples : conditions de
milieu que le climat lui impose; moyens d'existence dont elle
dispose; mode d'habitat groupé ou isolé qu'elle choisit; coutumes
qu'elle adopte; lois qu'elle se donne; religion qu'elle pro-
fesse, etc., etc.

Son état physiologique dépend du fonctionnement plus ou moins parfait de l'organisme humain.

Si l'état social dont jouit cette population permet le complet exercice des fonctions organiques, elle est prospère. Sa natalité est considérable; sa mortalité est minime.

Contrairement, si son état social s'oppose à l'accomplissement de ses fonctions, elle dépérit. Sa natalité se limite; sa morbidité s'élève, sa mortalité s'accroît.

La population de nos grandes villes par son état social s'éloigne plus que la population rurale de l'état physiologique normal. Malgré l'importance de plus en plus grande accordée aux mesures hygiéniques, les conditions biologiques s'y trouvent gravement modifiées. Par suite du rapprochement d'un grand nombre d'habitants, souvent l'air, l'eau y sont moins purs; les occupations y sont plus sédentaires; l'alimentation y est souvent moins saine, quoique fréquemment plus animalisée; les excès de travail et de plaisir y sont plus nombreux; les veilles s'y prolongent; la transmission des maladies y est plus facile; etc., etc. Recherchons donc les conséquences démographiques de l'habitat urbain.

Dans cette étude, bien que, comme vieux natif de Paris, j'apprécie grandement la supériorité de notre belle ville par rapport aux autres capitales de l'Europe; bien que je sache combien est puissante l'attraction qu'elle exerce sur nos compatriotes et sur les étrangers, je crois bien faire en mettant en évidence les mauvaises conditions biologiques dans lesquelles se trouve notre population parisienne. La vérité est bonne à connaître, même lorsqu'elle est contraire à l'opinion trop généralement et inconsciemment acceptée.

Il y a vingt-quatre ans, le 19 janvier 1869, déjà j'ai communiqué à l'Académie de médecine une étude de statistique anthropologique sur la population parisienne, dans laquelle je montrais que sa situation démographique était loin d'être bonne (1). Néanmoins, un mois plus tard, le conseiller d'État M. Genteur et le ministre M. Forcade de la Roquette (2), attribuant aux récents travaux d'édilité une influence exagérée, crurent devoir signaler une notable diminution de la mortalité des habitants de la capitale.

(1) *Annales d'hygiène publique*, 1869.

(2) Corps législatif. Genteur : *Moniteur universel*, 24 février 1869, p. 227, col. 2. — Forcade de la Roquette : *Journal officiel*, 25 février 1869, p. 243, col. 4.

Ce fut alors que Bertillon père, sachant que notre « grande capitale est un gouffre qui va décapitant sans cesse la population française de ses têtes choisies », réfuta énergiquement leurs assertions dans un article de la *Philosophie positive* (1), intitulé « de la Mortalité parisienne, croissante selon les morts, décroissante selon les ministres ». Depuis, dans son intéressante étude démographique sur Paris, Ely, constatant une mortalité un peu moindre que dans beaucoup de villes, crut devoir remarquer que « les chances de vitalité dans ce milieu que l'on dépeint généralement comme corrompu à tous les points de vue, sont cependant meilleures que celles des autres villes de France (2) ».

Indépendamment de divers travaux sur la population de Paris, en 1830, de Villermé (3), en 1866 et 1870, de M. Vacher (4), en 1872, de M. Sueur (5), nos citadins ont encore été l'objet d'importantes études comparatives de plusieurs démographes, entre autres de M. Bertillon père vers 1880, et de M. Jacques Bertillon, en 1889 (6).

Si je crois devoir reprendre cette étude, ce n'est pas que la situation démographique de notre ville se soit aggravée. Mais parce qu'elle me paraît encore insuffisamment connue de la plupart de nos compatriotes, et parce que les documents statistiques propres à la faire mieux apprécier sont devenus plus complets et plus nombreux.

Dans cette étude je parlerai d'abord des Dénombrements et des Accroissements de notre population; j'examinerai ensuite sa Natalité, sa Validité et sa Mortalité. Je chercherai alors à déterminer les Causes de la situation démographique précédemment constatée, il restera enfin à indiquer les Moyens de remédier à ces causes trop souvent inéluctables.

(1) *Philos. posit.*, t. IV, mai-juin 1869, p. 445, et *Gazette hebdom. de méd.*, 30 avril et 7 mai 1869, p. 289 et 321, etc.

(2) Ely, Paris. Étude démographique, *Gaz. hebd. de méd.*, 1872, avril-mai.

(3) Villermé. De la mortalité dans les divers quartiers de la ville de Paris, *Annales d'hygiène publ.*, t. III, p. 294, 1830.

(4) Vacher. *Étude méd. et statist. sur la mortalité à Paris, à Londres, à Vienne et à New-York*, en 1865; Paris, 1866. — La mortalité à Paris en 1870, *Gazette médicale de Paris*, 12 novembre 1869 et 14 janvier 1870.

(5) Sueur. *Étude sur la mortalité à Paris pendant le siège*, 1872.

(6) *Annuaires statistiques de la ville de Paris*, particulièrement celui de 1880, p. 137 et suiv., de Bertillon père. — Jacques Bertillon. *Atlas de statistique graphique de la ville de Paris*, année 1889.

SITUATION DÉMOGRAPHIQUE.

Dénombrements. — La population de la France, en 1891 au dernier dénombrement, s'élevait à 38,343,192 habitants. Le département de la Seine en comptait 3,141,595, dont 2,447,957 à Paris (1).

En 1886 la population dite urbaine, c'est-à-dire celle occupant les localités ayant plus de 2,000 âmes s'élevait à 10,832,435 habitants. La population des campagnes ou des localités de moindre importance était de 24,425,379 habitants (2).

Lorsque l'on compare l'accroissement de la population de Paris et du département de la Seine, à l'accroissement de la population de la France en général, on voit que de 1801 à 1891 la population de Paris de 547,756 s'est élevée à 2,447,957 habitants ; que pareillement celle du département de la Seine, de 631,585, s'est élevée à 3,141,595 habitants; tandis que la population de la France entière de 26,930,756 ne s'est élevée qu'à 38,343,112 habitants (3). Alors que durant les 90 années écoulées entre les recensements de 1801 et de 1891, la population de Paris est devenue 4 fois 1/2 plus nombreuse ; que celle du département de la Seine a presque quintuplé; la population de la France entière ne s'est guère accrue que de moins de moitié de ce qu'elle était au commencement de ce siècle.

Dans l'accroissement de la population de Paris, il faut, il est vrai, tenir compte qu'il est dû pour une notable proportion à l'adjonction de communes suburbaines entre les deux recensements de 1856 et de 1861. Selon Bertillon père, cette adjonction augmenta d'environ 130,000 habitants la population parisienne alors de 1,174,346 habitants (4). Néanmoins, malgré cette adjonction, qui accrut de plus d'un tiers la population parisienne, on voit combien est considérable son accroissement total de 1801 a 1891, lorsque, comme l'indique la statistique générale de France, en rapportant à 1,000 habitants en 1801, on cherche, de recensement en recensement, l'accroissement proportionnel de la population parisienne comparativement à celle de la France. De 1801 à 1856, en 55 ans, cette population a doublé, de 1,000 est devenue 2,040.

(1) *Journal officiel*, 12 janvier 1892, p. 213-216.
(2) *Statist. générale de France.* Statist. annuelle, 1890, p. 4-7.
(3) *Statist. générale de France ;* Dénombrement de 1886, p. 55 et *Journal officiel*, 12 janvier 1892, p. 215-216.
(4) Bertillon. *Annuaire stat. de la ville de Paris*, 1880, p. 133.

De 1861 à 1891, en 30 ans, elle s'est accrue de trois septièmes, dans le rapport de 3,060 à 4,469.

Accroissement proportionnel de la population de Paris et de la population de la France, de 1801 à 1891.

ANNÉES	PARIS	FRANCE
1801	1,000	1,000
1806	1,071	1,060
1821	1,302	1,076
1826	1,629	1,156
1831	1,416	1,181
1836	1,670	1,220
1841	1,716	1,241
1846	1,936	1,285
1851	1,935	1,299
1856	2,040	1,311
1861	3,060	1,333
1866	3,332	1,359
1872	3,381	1,341
1876	3,633	1,376
1881	4,142	1,399
1886 (1)	4,281	1,418
1891	4,469	1,423

D'ailleurs, par suite de l'adjonction de communes suburbaines, de l'extension de sa surface territoriale, bien que la population s'accroisse considérablement, elle est devenue moins dense qu'elle n'était anciennement. Au xviiᵉ siècle, selon M. Levasseur, Paris avait 189 habitants par hectare. En 1856, avant l'annexion de la banlieue il n'y avait plus que 340 habitants par hectare et en 1886 seulement 291 (2). Actuellement en 1891 notre population spécifique est de 310 à l'hectare (3).

L'élévation au quintuple de la population du département de la Seine témoigne peut-être encore plus que celle de Paris de l'accroissement de la population de notre grande agglomération urbaine. En effet, les derniers recensements permettent de constater un énorme accroissement de nos communes suburbaines. De 1886 à 1891, Clichy a vu sa population s'accroître de 26,741 à 30,698 habitants; Levallois-Perret, de 35,649 à 39,857 habitants, etc (4).

(1) *Statist. générale de France;* Dénombrement de 1886, p. 19-21.
(2) Levasseur, *La population française,* t. II, p. 368.
(3) *Tabl. stat. munic.,* 1891, p. 5.
(4) *Journal officiel,* 12 janvier 1892, p. 216.

La population de la plupart de nos grandes villes, de même que celle de Paris, s'accroît rapidement. De 1856 à 1891, la population de Lyon s'est élevée de 292,721 à 416,029 habitants (1).

M. Constans, ministre de l'intérieur, à propos du dénombrement de 1891, a fait remarquer que depuis 1886, les villes de plus de 30,000 âmes avaient présenté à elles seules un accroissement de 310,346 habitants, alors que la population générale de la France entière ne s'était accrue que de 309,126 (2). Pour l'ensemble des villes de plus de 10,000 âmes de 1861 à 1886 cet accroissement aurait été de 39 p. 100. Mais tandis que les villes de 50 à 100,000 âmes auraient vu leur population s'accroître de 51 p. 100 l'accroissement n'aurait été que de 34 et 36 p. 100 dans les villes de 10 à 15,000 âmes et dans celles de plus de 100,000 âmes (3).

L'ensemble de notre population urbaine, c'est-à-dire des localités ayant plus de 2,000 âmes, de 1846 à 1886 s'est élevée de 8,646,743 à 13,766,508 habitants; tandis que la population de toute la France, de 35,400,486 ne s'est élevée en 1891 qu'à 38,341,142; et que la population rurale, loin d'augmenter, a diminué de 26,753,743 à 24, 452,395 habitants en 1886. Alors que la population urbaine a augmenté de trois cinquièmes, la population totale de la France a augmenté d'un douzième, et la population rurale a diminué d'un onzième.

Accroissement de la population urbaine et de la population totale, et diminution de la population rurale de 1846 à 1891.

ANNÉES	POPULATION			POPULATION	
	URBAINE	RURALE	TOTALE	URBAINE p. 100	RURALE p. 100
1846	8,646,743	26,753,743	35,400,486	24,42	75,58
1851	9,135,459	26,647,711	35,783,170	25,52	74,48
1856	9,844,828	26,294,536	36,139,364	27,31	72,69
1861	10,789,766	26,596,547	37,386,313	28,86	71,14
1866	11,595,348	26,471,716	38,067,064	30,46	69,54
1872	11,234,899	24,868,022	36,102,921	31,06	68,94
1876	11,977,396	24,928,392	36,905,788	32,44	67,56
1881	13,096,542	24,575,506	37,672,048	34,76	65,24
1886 (4). . .	13,766,508	24,452,395	28,218,903	35,95	64,05
1891	»	»	38,341,142	»	»

(1) Clément, Lyou : *Etnographie, démographie*, p. 32, 1889. — *Journal officiel*, 12 janv. 1892, p. 216.
(2) *Journal officiel.*
(3) *Stat. générale de France;* Dénomb. de 1886, p. 24.
(4) *Stat. générale de France;* dénombrement de 1886, p. 37.

Par suite de cet accroissement de la population urbaine et de la diminution de la population rurale, alors qu'il y a 45 ans la population urbaine représentait 24.42 sur 100, moins du quart de la population totale, elle en représente actuellement plus de 35.95, beaucoup plus d'un tiers; tandis que la population rurale, qui alors représentait 75.58 sur 100, plus des trois quarts de la population totale, actuellement n'en représente plus que 64.05, moins des deux tiers.

Si l'on étudie par âges ces différentes populations, on remarque de grandes différences dans leur répartition. Normalement une population qui ne se recrute que par sa natalité, depuis la naissance jusqu'à l'extrême vieillesse, présente des nombres de plus en plus décroissants, par suite de la dîme mortuaire prélevée à chaque âge. Il n'en est pas complètement ainsi pour la population de la France entière. Si, pour l'année 1886, on rapproche les naissances des habitants recensés, selon leurs âges, on constate bien que les habitants, après avoir diminué beaucoup durant la première année d'existence, diminuent encore assez régulièrement de 30 ans à l'extrême vieillesse. Mais, par suite de l'arrivée vers l'âge de 20 à 30 ans d'étrangers, actuellement au nombre de 1,126,000 (1), les habitants de cet âge deviennent plus nombreux que les jeunes gens de 15 à 20 ans.

Dans la France, à la suite des 912,838 nouveau-nés on constate 700.059 enfants d'un an. La diminution est donc d'un peu plus de deux neuvièmes, de 23.31 sur 100. Mais, dès la 2e année, âge auquel les enfants sont au nombre de 659,066, jusqu'à la fin de la 20e année, âge auquel on recense 639,999 habitants les variations sont limitées. A partir de ce dernier âge l'immigration étrangère porte à 775,504 le nombre des habitants de 24 ans (2). Mais bientôt après la diminution d'âges en âges devient assez régulière.

Dans le département de la Seine et à Paris en particulier, l'accroissement à l'âge du travail, à l'âge moyen de la vie est bien plus considérable et plus durable, tant est puissante l'attraction de notre grande agglomération urbaine. Dans ces populations si l'on rapproche des naissances les enfants d'un an recensés, on constate d'abord une diminution bien plus grande par suite de l'envoi en nourrice de nombreux nouveau-nés. Dans le département de la

(1) *Stat. générale de France*; Stat. annuelle, 1890, p. 18.
(2) *Stat. générale*; Dénombrement, 1886, p. 154.

Population par âges, en 1886 (1).

AGES	FRANCE	SEINE	PARIS	AGES	FRANCE	SEINE	PARIS
0 (naissance)	912,838	76,793	60,636	25 à 30 ans	2,707,670	303,379	251,672
0 à 1 an	700,057	36,857	27,438	30 à 35 —	2,586,572	279,018	229,319
1 an	659,066	36,274	26,690	35 à 40 —	2,546,104	251,172	204,210
2 ans.	717,877	41,488	30,700	40 à 45 —	2,368,845	220,477	178,002
3 —	717,017	42,282	31,224	45 à 50 —	2,235,180	191,214	153,429
4 —	695,235	40,422	30,125	50 à 55 —	2,034,686	159,222	126,142
5 —	687,878	38,775	28,583	55 à 60 —	1,803,587	126,206	99,326
6 —	679,467	38,734	28,821	60 à 65 —	1,570,700	95,414	73,512
7 —	677,656	38,742	28,907	65 à 70 —	1,241,501	66,605	50,332
8 —	676,570	39,667	29,143	70 à 75 —	891,408	42,357	31,485
9 —	675,566	39,261	28,724	75 à 80 —	545,872	22,022	16,356
10 —	686,386	40,794	30,222	80 à 85 —	250,441	9,766	6,823
11 —	661,472	40,165	29,481	85 à 90 —	93,064	3,612	2,555
12 —	672,394	40,969	30,370	90 à 95 —	24,637	754	553
13 —	665,501	42,456	31,587	95 à 100 —	3,458	137	110
14 —	654,444	40,907	31,254	100 ans et au-dessus.	184	7	7
15 —	627,719	36,886	28,552				
16 —	644,492	40,065	31,697				
17 —	640,899	42,591	33,568				
18 —	659,949	46,646	36,999				
19 —	639,999	48,626	38,778				
20 —	688,766	53,531	42,694				
21 —	659,489	51,586	41,254				
22 —	717,276	54,883	43,809				
23 —	742,790	57,833	46,240				
24 —	775,504	60,745	49,083				

(1) *Statistique générale de la France*, dénombrement de 1886, p. 154. Tableau 23.

*Répartition par âges des populations
de la France, du Département de la Seine et de Paris, en 1886.*

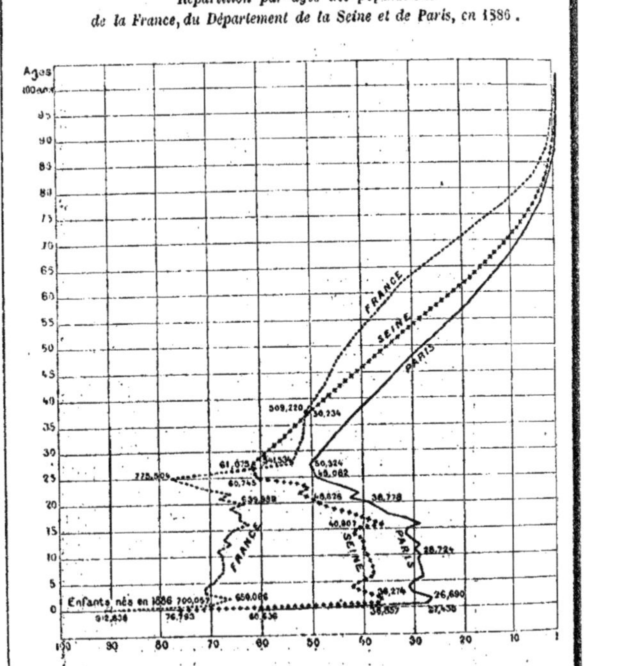

Pour les populations de Paris et du département de la Seine, chaque
unité des nombres ci-dessus égale 1,000 habitants. Pour la population de la
France, chaque unité de ces nombres vaut 10,000 habitants. Conséquem-
ment, les différences présentées à chaque âge par la population totale de
la France, dix fois plus nombreuse, sont, en réalité, proportionnellement
dix fois moins sensibles que celles présentées par les populations de Paris
et du département de la Seine.

Seine, après les 76,793 naissances, on constate 36,857 enfants d'un
an. La diminution n'est donc plus de deux neuvièmes comme en
France, mais de plus de moitié de 52.00 sur 100. Pareillement, à
Paris après les 60,636 naissances, on recense 27,438 enfants d'un
an; soit également une diminution de plus de moitié, de 54.75 sur 100.

Dans ces deux populations à partir de l'âge de 15 à 16 ans par
suite de l'arrivée de nombreux nationaux et étrangers l'accroissement devient tel que de 24 à 30 ans les habitants se trouvent être
presque deux fois plus nombreux que ceux d'un an. Dans le
département de la Seine, à 24 et 26 ans, on trouve 60,715 et
près de 61,075 habitants, alors qu'à deux, il n'y avait que
36,274 enfants. A Paris, à 24 et 26 ans on constate 49,082 et
près de 50,324 habitants au lieu de 26,690 enfants d'un an. Mais à
partir d'environ 27 ou 30 ans la diminution de ces deux populations se fait assez régulièrement.

La répartition par âges des habitants recensés en 1886 se repro-
duit, pour Paris, dans la répartition des recensés de 1891. Parmi
les 2,424,705 habitants recensés à Paris, en 1891, alors que l'on
ne trouve que 150,490 enfants de moins de 5 ans, on constate la
présence de 272,047 adultes de 25 à 29 ans accomplis (1), soit plus
des trois quarts en plus. Loin de décroître de la naissance à l'extrême vieillesse comme une population normale, la population parisienne, quoique enregistrant 61,045 naissances en 1891, par suite
de l'envoi de nombreux nourrissons dans les départements, lors du
recensement de cette même année ne présente plus que 30,146 enfants de 0 à 1 an. Moins nombreux encore sont les petits enfants de
1 à 2 ans recensés à Paris, soit 25,147. Ce n'est guère que vers
la 4e année que, de retour chez leurs parents, on constate que
les enfants de 3 à 4 ans s'élèvent au nombre plus grand de 32,635.
Mais à partir de la 15e année, par suite de l'arrivée de nombreux
provinciaux et étrangers, notre population ne cesse de s'accroître
rapidement jusqu'à l'âge de 30 ans, pour décroître alors de cet
âge à la fin de la vie.

Pour 1,000 adultes de 20 à 60 ans, ainsi que l'a montré M. Jacques
Bertillon, alors qu'en 1886, en France, il y avait 677 enfants et adolescents de moins de 20 ans et 232 vieillards de plus de 60, à Paris
il n'y en avait que 418 et 124 (2). Pareillement en 1891, à Paris,

(1) *Stat. munic. de la ville de Paris*, tabl. année 1891, p. vi.
(2) J. Bertillon. *Cartogrammes et diagrammes relatifs à la population parisienne*, p. 23-24, 1889.

Population de Paris par sexes, âges et état civil, le 12 avril 1891 (1).

AGES	SEXE MASCULIN				TOTAL	SEXE FÉMININ				TOTAL	LES 2 SEXES
	GARÇONS	MARIÉS	VEUFS	DIVORCÉS		FILLES	MARIÉES	VEUVES	DIVORCÉES		
0 à 1 an	15,018	»	»	»	15,018	15,128	»	»	»	15,128	30,146
1 an accompli	12,476	»	»	»	12,476	12,671	»	»	»	12,671	25,147
2 ans	14,963	»	»	»	14,963	15,500	»	»	»	15,500	30,463
3 —	16,143	»	»	»	16,143	16,492	»	»	»	16,492	32,635
4 —	15,824	»	»	»	15,824	16,275	»	»	»	16,275	32,099
0 à 4 ans	74,424	»	»	»	74,424	76,066	»	»	»	76,066	150,490
5 à 9 —	76,592	»	»	»	76,592	79,341	»	»	»	79,341	155,933
10 à 14 —	75,694	»	»	»	75,694	78,390	»	»	»	78,890	154,084
15 à 19 —	97,250	112	5	1	97,368	93,634	4,941	61	14	98,650	196,018
20 à 24 —	90,098	7,747	434	25	98,004	87,567	43,876	1,261	267	132,980	230,984
25 à 29 —	77,780	52,269	1,001	494	131,244	59,078	76,362	4,414	919	140,803	272,047
30 à 34 —	45,034	80,045	2,744	590	128,413	36,782	81,183	8,377	1,313	127,655	256,068
35 à 39 —	28,081	78,145	3,739	912	110,877	25,460	72,108	11,318	1,125	110,011	220,888
40 à 44 —	19,625	67,142	4,929	843	92,539	18,520	64,452	14,720	940	95,632	188,171
45 à 49 —	14,267	58,535	5,881	691	79,374	14,402	50,213	17,242	683	82,540	164,914
50 à 54 —	10,019	47,592	6,377	446	64,434	10,653	38,070	18,557	388	67,668	132,102
55 à 59 —	6,867	35,572	6,243	263	48,945	7,708	26,345	19,045	250	53,348	102,263
60 à 64 —	4,930	25,167	6,464	165	36,726	6,113	17,520	19,949	117	43,708	80,434
65 à 69 —	3,031	15,355	5,528	81	23,995	4,202	9,335	16,984	64	30,585	54,580
70 à 74 —	1,675	7,759	4,126	36	13,596	2,567	4,770	12,931	34	20,299	33,895
75 à 79 —	684	3,171	2,544	12	6,411	1,422	1,922	8,049	4	11,397	17,808
80 à 84 —	236	1,025	1,262	5	2,548	624	538	3,618	5	4,785	7,333
85 à 89 —	86	224	415	1	726	229	160	1,245	»	1,634	2,360
90 à 94 —	29	33	80	1	143	60	54	209	1	414	557
95 à 99 —	5	5	14	1	25	24	14	60	1	99	124
100 ans et au-dessus	»	»	2	»	2	3	»	3	1	7	9
Ages inconnus	2,338	744	397	17	3,496	1,537	1,201	400	9	3,147	6,643
Totaux	628,765	480,642	51,885	4,284	1,165,576	604,382	490,073	158,558	6,141	1,259,129	2,424,705

(1) Tableau de statistique municipale de la ville de Paris, p. VI.

les enfants et adolescents de moins de 20 ans sont au nombre de
656,525, les vieillards au-dessus de 60 ans, au nombre de 197,100 et
les adultes de 20 à 60 ans, au nombre de 1,571,080. Donc pour
1,000 adultes de 20 à 60 ans, il y a 417 enfants et adolescents et
137 vieillards.

A Paris, le sexe féminin prédomine notablement sur le sexe
masculin, soit 1,259,129 du premier, pour 1,165,576 du second.
La femme, dont le développement est plus rapide que celui de
l'homme, semble y venir plus jeune. Alors qu'en 1891, il y avait
97,368 garçons et 98,650 filles de 15 à 19 ans, on recensait
98,004 hommes et 132,980 femmes de 20 à 24 ans. A ce dernier
âge il y avait donc 34,976 femmes de plus que d'hommes.

Outre les 515,949 filles de moins de 15 ans, et garçons de moins
de 18, la population parisienne, au-dessus de ces âges, se compose
de 717,198 célibataires, 970,715 mariés, 210,423 veufs (dont
158,538 veuves) et 10,425 divorcés. Ainsi donc dans notre population parisienne adulte, les célibataires veufs et divorcés sont
presque aussi nombreux que les mariés, soit 938,046 célibataires,
veufs et divorcés pour 970,715 mariés. A chaque âge et surtout
avant 24 ans pour les garçons, M. J. Bertillon montre que sur
1,000 habitants adultes de 15 et 20 ans à 60 ans, la proportion
des mariés est beaucoup moindre à Paris que dans la France en
général. Sur 1,000 adultes de l'un ou de l'autre sexe, il n'y avait
en 1886 que 570 mariés et 566 mariées, alors qu'en France il y
en avait 609.5 et 640 (1), soit 1/14ᵉ et 1/7ᵉ de plus.

Lors du dénombrement de 1886, sur 100 habitants, en France,
on trouva 60.5 natifs de la commune qu'ils habitaient, 23.5 nés
dans une autre commune du même département, soit 84 natifs de
ce département, et 16.0 nés en dehors. Dans le département de
la Seine on ne compte que 32.7 natifs de la commune, 7.9 d'une
autre commune du département, soit 40.6 nés dans ce département et 59.4 immigrés d'autres départements ou de l'étranger. A
Paris, il n'y a que 36.1 natifs de la commune, 3.2 d'autres communes du département, soit 39.3 natifs du département de la Seine,
et 60.7 venus d'autres départements ou de l'étranger. Donc à
Paris, il n'y a guère qu'un tiers de natifs et deux tiers d'immigrés.
Il en est à peu près de même pour tout le département de la Seine.

En 1891, sur 2,424,705 habitants, il y avait à Paris 180,962 étrangers (2).

(1) *Loc. cit.*, p. 27.
(2) *Tabl. de stat. munic.*, 1891, p. v.

HABITANTS NÉS	FRANCE	SEINE	PARIS
Dans la commune.	60.5	32.7	36.1 (1)
Dans une autre commune du même département.	23.5	7.9	3.1
Dans le département.	84.0	40.6	39.2
Hors du département	16.0	59.4	60.7
	100.0	100.0	100.0

Natalité. — En 1891, dans la France entière les habitants recensés sont au nombre de 38,343,192 (2). Durant les dix années ayant précédé ce recensement, de 1881 à 1890, il y eut 9,086,331 naissances, soit en moyenne annuellement 908,633 naissances (3). Donc le rapport des naissances à l'ensemble des habitants est, en France, en moyenne de 23.69 naissances sur 1,000 habitants.

En 1891, à Paris, les habitants recensés sont au nombre de 2,424,705 (4). Durant les treize années écoulées de 1879 à 1891, il y eut 788,851 naissances (5), soit en moyenne annuellement 60,681 naissances. Donc le rapport des naissances à l'ensemble des habitants de Paris est en moyenne de 25.02 naissances sur 1,000 habitants, soit notablement plus élevé que celui trouvé pour l'ensemble de la France. Il ne faudrait cependant nullement inférer que la fécondité des Parisiens est plus grande que celle de Français en général. « De même que la nuptialité, remarque M. J. Bertillon, la natalité parisienne est des plus faibles. Elle est inférieure même à l'ensemble de la natalité de la France, qui pourtant est très peu élevée » (6).

La natalité parisienne ne paraît supérieure que parce qu'ainsi qu'il a été vu précédemment la proportion d'adultes, seuls en âge de procréer, est beaucoup plus grande à Paris que dans l'ensemble de la France. Pour apprécier exactement cette natalité relative, il importe donc de rapporter les naissances, non à tous les habitants, mais uniquement aux adultes de 15 à 60 ans. Or, d'une part, en France, les adultes de 15 à 60 ans, recensés en 1886, était au nombre de 23,077,527 (7), la moyenne annuelle des naissances de

(1) *Stat. générale de France;* dénombrement de 1886, p. 69.
(2) *Journal officiel,* 12 janvier 1892, p. 215.
(3) *Journal officiel,* 21 octobre 1891, p. 5059.
(4) *Stat. munic. off. de la ville de Paris,* année 1891, p. vi.
(5) *Annuaire stat. de la ville de Paris,* 1889, p. 267 et 1890, p. 161.
(6) J. Bertillon. *Cartogrammes et diagrammes,* p. 30.
(7) *Stat. générale de France,* dénombrement de 1886, p. 114.

1881 à 1890 étant de 908,633 naissances. La proportion des naissances aux adultes, aptes à la procréation, aurait donc été de 39.37 naissances pour 1,000 adultes, ou 1 naissance pour 25.40 adultes de 15 à 60 ans. D'autre part, à Paris, les adultes de 15 à 60 ans, recensés en 1891, sont au nombre de 1,760,455 (1), les naissances annuelles de 1879 à 1891 ayant été en moyenne de 60,681. La proportion des naissances aux adultes est donc de 34.39 naissances pour 1,000 de ces adultes, ou 1 naissance annuelle par 29.07 adultes, soit de près d'un huitième inférieure à celle constatée dans la France en général.

Par suite du grand nombre de célibataires et de la faible fécondité des mariages, il n'y aurait donc à Paris, chaque année, que 1 naissance pour 29.07 adultes en âge de procréer, ou 1 naissance pour 29.07 années d'existence d'un adulte procréateur.

Les naissances, considérées au point de vue légal, se montrent en proportion très différentes dans la France et dans la ville de Paris. En 1890, tandis que dans la France sur 100 naissances il y en a 8.5 d'illégitimes pour 91.5 de légitimés, dans le département de la Seine il y a 24.7 naissances illégitimes pour 75.3 légitimes (2). En 1891, dans la ville de Paris sur 61,015 naissances totales on compte 16,812 naissances illégitimes pour 44,203 légitimes (3). Il y a donc 27.58 illégitimes pour 72.42 légitimes. Plus d'un quart des enfants naissent hors mariage.

Dans la France entière, en 1890, pour 269.332 mariages on compte 766,973 naissances légitimes (4), soit 2.84 naissances par mariage. Mais à Paris, en 1891, pour 22,852 mariages il n'y a que 44,203 naissances légitimes (5), soit 1.93 naissances légitimes, moins de deux par mariage.

Tandis qu'au dénombrement de 1886, sur 100 familles, il y en avait en France 20.0 n'ayant pas ou n'ayant plus d'enfants vivants, soit un cinquième des familles ; à Paris, la proportion des familles sans enfants vivants s'élevait à 32.3 et pour le département de la Seine à 32.8 (6). Donc, près d'un tiers des familles de notre département n'ont pas eu d'enfants ou les ont perdus. Telle est la con-

(1) *Stat. munic. de la ville de Paris*, 1891, p. VI.
(2) *Journal officiel*, 21 oct. 1891, p. 5058-5066.
(3) *Tableaux de stat. munic. officiels*, 1891, p. 3.
(4) *Journal officiel*, 21 oct. 1891, p. 5059.
(5) *Tableau de stat. munic.*, 1891, p. 3.
(6) *Stat. générale de France*, dénombrement de 1886, p. 124.

séquence de la faible fécondité légitime et de la haute mortalité
infantile.

Validité. — Pour juger de la validité relative des Parisiens,
nous ne pouvons guère nous baser que sur quelques documents
recueillis lors des opérations du recrutement de l'armée. Des tableaux statistiques dressés par Tenon et publiés par Villermé, ont
permis de reconnaître que la taille moyenne des conscrits parisiens, âgés de 18 à 19 ans, en 1810, alors que Napoléon faisait
d'énormes levées d'hommes, n'était que de 1^m,629, tandis qu'elle
était de 1^m,675 en 1823, en pleine paix, alors que l'armée était
peu considérable.

En 1829, Villermé aurait remarqué que, de 1816 à 1823, à Paris,
comme d'ailleurs à Lyon et dans quelques autres villes, la taille
des conscrits était un peu plus élevée que celle des conscrits de la
banlieue et des régions circonvoisines. A Paris, la taille moyenne
des conscrits aurait été de 1^m,685, alors que dans les arrondissements de Sceaux et de Saint-Denis elle aurait été de 1^m,674 et
de 1^m,675. Mais, cherchant à apprécier le degré d'aisance et de
fortune des habitants des divers arrondissements, d'après la contribution personnelle plus ou moins élevée, il crut reconnaître
qu'en général la taille était d'autant plus haute que les habitants
étaient plus riches. Bien que les conscrits du Ier arrondissement,
où la contribution personnelle s'élevait à 0.49, eussent une taille
moyenne de 1.690 et que ceux du VIe arrondissement où cette
contribution n'était que de 0.20. eussent une taille de 1^m,677, la
corrélation entre cette contribution et la taille était loin d'être
très régulière (1).

Depuis, la taille de nos conscrits parisiens de 1880 et 1881 a été
successivement étudiée par M. Topinard (2) et par M. Manouvrier (3). Le rapprochement de la taille moyenne de la proportion
des indigents de chaque arrondissement, ainsi que le fait le premier de ces observateurs, n'est pas très concluant. Quoique variant
de 1.637 dans le XIIe arrondissement, celui de Reuilly, où il y a
7.97 indigents sur 100 habitants à 1^m,658, dans le VIIIe, celui de
l'Élysée, où il n'y a que 3.75 indigents, il faut remarquer que le

(1) Villermé. Mémoire sur la taille de l'homme en France : *Annales d'hygiène*, 1829, t. I, p. 369, etc.

(2) *Revue d'anthropologie*, 2e série, t. IV, p. 175 et 371, 1881 et t. V, p 186,
1882.

(3) Manouvrier. Sur la taille des Parisiens. *Bulletin de la Soc. d'anthrop.*,
3e série, t. XI, p. 156-174, 16 février 1888.

II° arrondissement, celui de la Bourse, où se trouve la proportion minima de 2.59 indigents a une taille moyenne de 1^m,645, presque identique à celle de 1^m,646 présentée par le X°, celui des Gobelins, où la proportion des indigents s'élève à 15.50 sur 100, proportion maxima.

Prenant comme indice de la pauvreté relative des habitants des divers arrondissements la proportion des enterrements dans les fosses gratuites, M. Manouvrier a montré cependant, qu'en général, malgré certaines irrégularités, la taille, ainsi que l'avait dit Villermé, est plus élevée dans les arrondissements riches que dans les pauvres. Les conscrits du XX° arrondissement, de celui de Ménilmontant, où ces enterrements gratuits s'élèvent à 80 sur 100, ont la taille moyenne la plus faible de 1^m,637 ; tandis que ceux des IX°, Ier, II° et VIII°, des arrondissements de l'Opéra, du Louvre, de la Bourse et de l'Élysée, où les proportions de ces enterrements ne sont que de 27, 32, 33 et 37 sur 100, présentent une taille moyenne de 1^m,647, de 1^m,651, de 1^m,648 et 1^m,660, taille moyenne la plus élevée. A Paris, comme ailleurs, la pauvreté, la misère tend à ralentir le développement, à abaisser la taille, que tend à accroître l'aisance ou la richesse.

« Je suis persuadé, dit M. Manouvrier, que c'est du nombre relatif des familles bourgeoises vivant dans l'aisance ou bien dans la gêne que dépend l'élévation ou l'abaissement de la taille moyenne dans chaque arrondissement (1). »

Quant aux jeunes gens appelés à concourir au recrutement de l'armée, de 1883 à 1887, durant 5 années, tandis qu'en France en général 122. 6 sur 1,000 sont exemptés de tout service militaire et 53. 5 sont classés dans le service auxiliaire, dans le département de la Seine il y a 130. 1 exemptés, et 13. 5 classés dans ce service auxiliaire. Les infirmités à Paris motivent donc un peu plus d'exemptions de tout service et un peu moins de renvois au service auxiliaire. Ce qui semble signifier que sans être beaucoup plus nombreuses, ces infirmités sont plus sérieuses. Il faut d'ailleurs remarquer que les jeunes gens du département de la Seine semblent moins mal partagés que ceux de certaines circonscriptions industrielles et manufacturières, comme Lyon et Rouen. Dans le département du Rhône, il y a 144. 2 exemptés, et 55. 0 renvoyés au service auxiliaire. Dans la circonscription Nord de Rouen, de 1883, à 1886, les exemptés s'élèvent à la très haute proportion de 213.7,

(1) *Loc. cit.*, p. 168.

et les classés dans le service auxiliaire à 64.8 sur 1,000 (1).

D'ailleurs depuis longtemps les médecins militaires, ainsi que le remarquait M. Champouillon en 1869, savent que « l'effectif des exemptions pour insuffisance de taille et de constitution est formé en grande partie par les cantons manufacturiers et par les grandes villes ». Selon ce professeur, la « proportion moyenne des bossus, des boiteux, des sujets contrefaits... s'élève à 117 sur 1,000 conscrits pour Mulhouse, à 174 pour Rouen et Elbœuf, à 201 pour Lille » (2).

L'influence nocive des villes est généralement reconnue. En Angleterre, Beddoe remarque qu'une énorme proportion de recrues urbaines sont rejetées pour déformations, mauvaises dents, ou semblables infirmités, qui sont souvent la conséquence d'une faiblesse héréditaire ou constitutionnelle. Il parle d'une population de bonne stature, qui, adoptant le métier de tisserand rapidement se transforma en lilliputiens (3).

Appelé à examiner les jeunes gens du département de la Seine lors du premier recrutement de la garde mobile, M. Champouillon a d'ailleurs pu constater que la croissance continue bien au delà de 21 ans parmi nos citadins, dont le développement a été entravé par la misère, la profession sédentaire, l'insalubrité du logement, le méphitisme des ateliers, la précocité de la débauche et de l'intempérance, le travail excessif et prématuré. En 1868, il reconnut que la taille réglementaire de 1 ᵐ, 56 était atteinte par 71 sur 100 près de trois quarts des exemptés pour défaut de taille de la classe de 1864, par 55 sur 100 de ceux de la classe de 1865, et par 45 sur 100 de ceux de la classe de 1866. A côté de nombreux exemptés pour défaut de taille par croissance tardive tenant à la race, par rachitisme, notre confrère signale aussi quelques exemptés du genre basset, au tronc de longueur normale et aux membres inférieurs très courts; disproportion qui semble, en effet, se présenter parfois dans nos populations urbaines. Parmi les nains que Sterne, au siècle dernier, trouvait si nombreux à Paris, ce sont ces derniers qu'il prétendait être « arrêtés

<hr>

(1) *Statistique médicale de l'armée*, 1883-1887, t. VII, A. B. C.

(2) Champouillon. Étude sur le développement de la taille et de la constitution dans la population civile et dans l'armée en France. *Recueil de Mém. de méd. chir. et pharm. militaires*, 3ᵉ série, t. XXII, 1869, p. 243.

(3) J. Beddoe. On the rapid increase of town population ; *Transaction of the national association for the procreation of social science*, 1857, p. 357.

par la main de la nature dans les 6ᵉ et 7ᵉ années de la croissance » (1).

Quant à la taille moyenne de la femme de 18 à 22 ans, d'après
quelques mensurations prises principalement dans quelques
ateliers des IVᵉ, XIIIᵉ, XIXᵉ, et XXᵉ arrondissements, ceux de
l'Hôtel de Ville, des Gobelins/des Buttes-Chaumont et de Ménilmontant, selon M. Champouillon, elle ne serait que de 1.46 (2).
Cette taille semblerait bien basse par rapport à celle des hommes
car, d'après les recherches statistiques de M. Topinard, la différence intersexuelle en général ne serait guère que de 11 à 13 centimètres (3).

Par suite de sa composition constamment renouvelée, par le
mélange à chaque génération d'un tiers de natifs pour deux tiers
d'habitants venus du dehors, notre population parisienne est la
résultante de races, notablement différentes de France, voire même
de pays étrangers. Elle se recrute principalement de descendants
de Celtes, d'Aquitains, de Galates, de Belges, de Francks, de Bur-
gundions, de Normands, de Juifs, etc. Aussi les Parisiens ne
présentent-ils aucun type particulier, aucune caractéristique anthropologique.

En parlant des fils de nobles familles, passant devant le conseil
de revision, M. Champouillon remarque bien que « tous ces mal-
heureux jeunes gens se ressemblent par un corps grêle, allongé,
fragile. Ils ont le teint mat, les lèvres décolorées et comme séreu-
ses, un aspect de débilité et d'épuisement (4). » Certaines femmes
prétendent bien reconnaître facilement les Parisiennes. Mais ce
n'est alors qu'une question de toilette, de mise élégante ou recher-
chée. La seule caractéristique qu'on puisse trop souvent leur assi-
gner est une gracieuse délicatesse, une certaine morbidesse surtout
observée chez les natives de Paris. En remarquant leurs formes
grêles et peu accusées, on se rappelle que, selon Jacquemier, « la
désuétude de nourrir devient après quelques générations la cause
la plus ordinaire du peu de développement des seins (5). » Me
signalant la blancheur de teint, la gracilité des membres, les
formes peu accentuées, de certaines jeunes femmes, un de mes

(1) Sterne. *Voyage sentimental*, Le nain, 1841, p. 86.
(2) Champouillon. *Loc. cit.*, p. 243.
(3) Topinard. Étude sur la taille. *Revue d'anthrop.*, t. V, p. 45, 1876.
(4) Champouillon, *loc. cit.*, p. 246.
(5) Jacquemier. Allaitement, p. 256 ; *Dict. encycl. des Sciences méd.*, 1865.

confrères croyait reconnaître en elles des Parisiennes de 2e ou 3° génération.

La puberté féminine serait assez précoce à Paris, surtout parmi les filles riches ayant une alimentation abondante. Alors que l'âge moyen de la puberté de 432 femmes, observées à Lyon, par Pétrequin et Bouchacourt, était de 15 ans, 5 mois, 8 jours, celui de 1,722 femmes observées, à Paris, par Marc d'Epine, Brierre de Boismont et Raciborski, était de 14 ans, 8 mois, 24 jours. Plus élevé pour les filles immigrées de la campagne, il s'abaisserait à 13 ans, 8 mois, chez les jeunes Parisiennes de la classe riche (1).

Sans présenter de caractères anthropologiques spéciaux, les Parisiens actuels se feraient-ils remarquer par un développement plus considérable de la capacité cranienne, généralement en rapport avec le développement notable de l'intelligence ? Broca, en étudiant 357 crânes parisiens de différentes époques, avait remarqué que 115 du XIIe siècle avaient une capacité cranienne moyenne de 1,425 centimètres cubes, alors que 125 du XIXe siècle en avaient une de 1,461 (2). Bien que cette dernière capacité cranienne ne soit pas extraordinairement élevée, elle témoignerait néanmoins d'une différence de 36 centimètres cubes. Cela ne doit nullement surprendre, car Paris, par l'élévation des salaires et des situations sociales, semble devoir exercer une attraction plus spécialement sur les habitants intelligents des provinces, voire même de l'étranger, où ils trouveraient moins facilement à appliquer leurs facultés spéciales, leur habileté professionnelle. On a souvent remarqué l'intelligence, la vivacité d'esprit, l'initiative du gamin de Paris, plus débrouillard que persévérant. D'ailleurs, dans certaines villes de beaucoup moindre importance que notre capitale, divers observateurs ont également signalé un développement céphalique plus considérable que dans les régions circonvoisines. L'attraction urbaine opérerait une sorte de sélection naturelle. M. Blanchard (3),

<hr>

(1) Petrequin. Rech. sur la menstruation, *thèse*, Paris, n° 311, 1835; — Bouchacourt cité par Desormeaux et Dubois. Menstruation : *Dict. de méd.*, en 30 vol., p. 413-414; — Marc d'Espine. Rech. sur quelques-unes des causes qui hâtent ou retardent la puberté; *Archives générales de médecine*, 2° série, t. IX, p. 5 et 303, 1835. — Brierre de Boismont. De la menstruation : *Mém. de l'Acad. de médec.*, t. IX, p. 104, 1841. — Raciborski, *De la puberté et de l'âge critique*, 1844.

(2) Broca. Sur la capacité des crânes parisiens; *Bull. de la Soc. d'anthrop.*, t. III, p. 102, etc., 20 février 1862.

(3) Blanchard. Note sur la conformation de la tête observée dans le

M. Durand de Gros (1) et M. Otto Ammon ont ainsi remarqué des
différences céphaliques notables entre les citadins de Limoges, de
Rodez, de Karlsruhe et les ruraux des régions voisines. Chez les
citadins, la tête en moyenne aurait été plus volumineuse et aussi
plus dolichocéphale. « Dans les villes, dit ce dernier auteur, les doli-
choïdes augmentent, les hyperbrachycéphales diminuent (2). »

Dans certaines grandes villes, la prédominance des habitants aux
cheveux de couleur foncée sur ceux aux cheveux de couleur claire,
signalée en Angleterre par le Dr Beddoe de Clifton, doit-elle être
attribuée à ce que les blonds « sont moins capables de supporter les
conditions antihygiéniques... de nos grandes cités » (3)? Tenons
compte qu'en général, en France, les bruns sont plus nombreux
que les blonds. A Paris et à Lyon, les proportions des premiers
indiquées par M. Topinard ne semblent pas très élevées (4).

Rappelons toutefois que divers médecins, MM. Hardy et Béhier,
M. Landouzy, M. Dewèvre ont signalé la blancheur de la peau et
la coloration rousse des cheveux au nombre des caractères phy-
siques des individus prédisposés à la phtisie, qui ainsi qu'il sera
plus tard indiquée, est de beaucoup la plus funeste affection de
notre population parisienne : sur environ 290 roux reçus dans les
hôpitaux, 15 seulement auraient été indemnes de phtisie (5).

Mortinatalité. — « La mortinatalité, dit très justement M. J. Bertillon en parlant de la période 1881-1885, est extrêmement élevée
à Paris, car elle atteint 74 mort-nés pour 1,000 accouchements;
tandis qu'en France elle n'atteint pas 45 p. 1,000 (6). Mais, quand
il s'agit de mort-nés, les déclarations ne se faisant pas toujours

Limousin ; *Comptes rendus du Congrès scientifique de France*, tenu à
Limoges, septembre 1859, t. II, p. 23.

(1) Durand de Gros. Action des milieux dans l'Aveyron ; *Bull. de la Soc.
d'anthrop.*, 2e série, t. III, p. 146, 6 février 1868.

(2) Otto Ammon. La sélection naturelle chez l'homme ; *L'Anthropologie*,
t. III, p. 724, etc., 1892.

(3) Beddoe. De la prédominance croissante de la chevelure foncée en
Angleterre; *Anthropological Review*, t. I, p. 300-312, 1864, extr. *Bull. de la
Soc. d'anthrop.*, t. V, p. 854, 1er décembre 1864.

(4) Topinard. Carte de la couleur des yeux et des cheveux en France ;
Revue d'anthropologie, 3e série, t. IV, p. 525, 1889.

(5) Hardy et Béhier, *Pathologie générale*, t. I, p. 293 de *Pathologie interne*,
1858. — Grancher et Hutinel. Phtisie, *Dict. encycl. des sc. méd.*, p. 551. —
Dewèvre. De la prédisposition des roux à la tuberculose, *thèse*, 29 juin 1883,
p. 13-25.

(6) J. Bertillon. *Cartog.*, p. 34.

très exactement, il est difficile de pouvoir établir des comparaisons parfaitement valables. Néanmoins, on peut constater qu'à Paris, où ces déclarations tendent à se faire assez régulièrement, la mortinatalité est de 71.73 pour 1,000 nés vivants en 1891 (1); 1/14 des naissances, au moins, donne donc des mort-nés. Cette proportion est plus élevée dans certaines villes ; à Besançon, de 1885 à 1889 elle a été de 88.12 sur 1,000, d'après MM. Baudin et Jeannot (2). Saint-Etienne aurait une mortinatalité de 97.4, sur 1,000, d'après les documents remarquablement précis, relevés par M. Fleury, et récemment donnés par M. Bertillon dans son mémoire sur l'âge des morts-nés avant la naissance (3).